MAXIMISEZ VOTRE JOURNÉE

Guide pour une routine quotidienne efficace

Sabrina Du Perray

Copyright © 2024 Sabrina Du Perray

All rights reserved

The characters and events portrayed in this book are fictitious. Any similarity to real persons, living or dead, is coincidental and not intended by the author.

No part of this book may be reproduced, or stored in a retrieval system, or transmitted in any form or by any means, electronic, mechanical, photocopying, recording, or otherwise, without express written permission of the publisher.

Je dédie ce livre à toute personne qui souhaite réorganiser sa vie et aspire dégager plus de temps pour soi et pour les proches .

CONTENTS

Title Page
Copyright
Dedication
Maximisez votre journée : 1
Introduction : 2
Chapitre 1 : 6
Chapitre 2 : 11
Chapitre 3 : 17
Chapitre 4 : 22
Chapitre 5 : 27
Conclusion : 32
Ressources supplémentaires : 33
Exercice Pratique sur le Chapitre 1 : 39
Exercice Pratique sur le Chapitre 2 : 45
Exercice Pratique sur le Chapitre 3 : 52
Exercice Pratique sur le Chapitre 4 : 58
Exercice Pratique sur le Chapitre 5 : 64

Books By This Author

MAXIMISEZ VOTRE JOURNÉE :

Guide pour une routine quotidienne efficace

Sabrina Du Perray

INTRODUCTION :

"La clé du succès est de se concentrer sur les objectifs, pas sur les obstacles." – Anonyme

"Le succès n'est pas la clé du bonheur. Le bonheur est la clé du succès." – Anonyme

Dans notre quête constante d'efficacité et de bien-être, une routine quotidienne bien établie est bien plus qu'une simple série de tâches à accomplir. Elle est le fondement sur lequel nous construisons notre journée, influençant notre productivité, notre état d'esprit et notre santé globale. Dans cet ebook, nous explorerons les principes clés pour créer une routine quotidienne qui maximise votre journée et favorise votre bien-être.

Dans notre société moderne, où les exigences et les distractions sont omniprésentes, il est crucial de trouver des moyens efficaces de gérer notre temps et nos énergies. Une routine quotidienne bien conçue est une des clés pour atteindre cet objectif. Une routine structurée offre un cadre stable qui peut transformer nos journées en maximisant notre productivité et en améliorant notre bien-être global.

Présentation De L'importance D'une Routine Quotidienne Pour La Productivité Et Le Bien-Être :

Une routine quotidienne ne se limite pas à une simple succession de tâches répétitives. Elle est le reflet d'une intention consciente d'optimiser notre temps et nos efforts pour vivre de manière plus équilibrée et satisfaisante. En établissant une routine solide, nous créons un environnement propice à l'accomplissement de nos objectifs, qu'ils soient personnels ou professionnels. Une routine bien pensée permet non seulement de gagner du temps, mais aussi de réduire le stress et l'anxiété en apportant une structure et une prévisibilité à notre journée.

En outre, une routine quotidienne peut avoir des effets positifs sur notre santé mentale et physique. En incluant des activités bénéfiques comme l'exercice physique, la méditation ou une alimentation équilibrée, nous prenons soin de notre corps et de notre esprit de manière proactive. Cela peut mener à une meilleure qualité de vie, à une augmentation de notre niveau d'énergie et à une amélioration de notre humeur générale.

Introduction Des Principes Clés Qui Seront Abordés Dans L'ebook :

Dans cet ebook, nous allons explorer les différents aspects de la création et de la mise en œuvre d'une routine quotidienne efficace. Voici un aperçu des principes clés que nous aborderons :

1. *Comprendre l'importance d'une routine quotidienne* : Nous commencerons par examiner les nombreux avantages d'une routine bien établie, en mettant en lumière les aspects psychologiques qui rendent une routine efficace.

2. *Élaborer votre routine matinale* : Nous détaillerons comment les premières heures de la journée peuvent définir le ton pour le reste de la journée, en proposant des exemples et des conseils pour créer une routine matinale qui vous convient.

3. *Maximiser votre productivité pendant la journée* : Vous découvrirez des stratégies pour gérer votre temps, rester concentré et intégrer des moments de

détente dans votre emploi du temps, afin de maintenir un haut niveau de productivité sans vous épuiser.

4. *La routine du soir* : Préparer demain : Nous explorerons l'importance de terminer la journée de manière à favoriser un bon sommeil et une préparation optimale pour le lendemain, avec des conseils pour décompresser et se détendre.

5. *Surmonter les obstacles et s'adapter aux changements* : La vie est imprévisible, et nous verrons comment maintenir votre routine malgré les défis et les interruptions, en restant flexible et motivé.

En suivant ce guide, vous serez équipé des connaissances et des outils nécessaires pour créer une routine quotidienne qui maximise votre potentiel et enrichit votre vie. Que vous cherchiez à améliorer votre productivité, à réduire votre stress ou à équilibrer vos différentes responsabilités, cet ebook vous fournira les stratégies pour y parvenir. Embarquez dans ce voyage vers une vie plus organisée, épanouie et harmonieuse.

CHAPITRE 1 :

Pourquoi une routine quotidienne est importante

"L'herbe n'est pas plus verte ailleurs, elle est verte là où elle est arrosée." – Proverbe anglais

"L'habitude est une seconde nature." – Proverbe latin

Découvrez les nombreux avantages d'une routine quotidienne bien établie, de la réduction du stress et de l'anxiété à l'optimisation de votre efficacité. Plongez dans les principes psychologiques sous-jacents qui font de la routine un outil puissant pour améliorer votre vie quotidienne.

Dans ce premier chapitre, nous allons explorer en profondeur l'importance d'une routine quotidienne bien établie. Une routine peut sembler restrictive à première vue, mais elle offre en réalité une structure qui peut libérer du temps et de l'énergie pour ce qui compte vraiment. Découvrons ensemble les avantages d'une routine, comment elle peut réduire le stress et l'anxiété, et les principes psychologiques qui en font un outil si efficace.

Les Avantages D'une Routine Quotidienne Bien Établie :

1. Amélioration de la Productivité :

Une routine bien planifiée permet de structurer votre journée de manière à accomplir plus en moins de temps. En automatisant certaines tâches quotidiennes, vous libérez votre esprit pour vous concentrer sur des activités plus importantes et créatives.

2. Réduction de la Procrastination :

Lorsque chaque tâche a une place et un temps dédié, il est plus difficile de remettre les choses à plus tard. Une routine fixe vous aide à maintenir un rythme constant et à éviter les pièges de la procrastination.

3. Équilibre Vie Personnelle et Professionnelle :

En intégrant des moments de détente et des activités personnelles dans votre routine, vous pouvez mieux équilibrer vos responsabilités professionnelles et personnelles, évitant ainsi le burnout.

4. Amélioration de la Santé Mentale et Physique :

Une routine bien pensée inclut du temps pour l'exercice, le repos, et des repas équilibrés, ce qui contribue à une meilleure santé globale. Elle permet aussi de consacrer du temps à des activités relaxantes qui favorisent le bien-être mental.

Comment Une Routine Peut Réduire Le Stress Et L'anxiété :

1. Prévisibilité et Contrôle :

Une routine apporte un sentiment de prévisibilité dans votre journée. Savoir ce qui vous attend et quand réduit l'incertitude, qui est souvent une source majeure de stress et d'anxiété.

2. Ritualisation et Ancrage :

Les rituels, ou activités répétitives, peuvent servir d'ancrages émotionnels et mentaux. Ils créent des moments de stabilité dans une journée autrement chaotique, ce qui aide à calmer l'esprit et à réduire le sentiment d'être débordé.

3. Gestion du Temps :

Une bonne gestion du temps par le biais d'une routine permet d'éviter les pressions de dernière minute. En planifiant et en respectant des plages horaires dédiées à chaque tâche, vous minimisez les risques de vous sentir pressé ou dépassé.

Les Principes Psychologiques Derrière L'efficacité D'une Routine :

1. La Loi de l'Effet (Thorndike) :

Selon cette loi, les comportements qui sont suivis de conséquences positives ont tendance à être répétés. Une routine qui inclut des récompenses, même petites, peut encourager la persévérance et la discipline.

2. Le Renforcement Positif :

Intégrer des récompenses dans votre routine quotidienne, comme une pause-café après une tâche difficile, renforce la motivation et l'engagement envers la routine.

3. L'Automatisation des Habitudes :

Les routines transforment des tâches initialement difficiles en habitudes automatisées. Ce processus, appelé automatisation, libère des ressources cognitives et réduit la charge mentale, rendant les activités quotidiennes plus fluides et moins stressantes.

4. La Théorie de l'Autodétermination :

Cette théorie stipule que la motivation humaine est alimentée par trois besoins psychologiques fondamentaux : l'autonomie, la compétence et les relations sociales. Une routine bien conçue peut satisfaire ces besoins en offrant des choix personnels (autonomie), des tâches réalisables (compétence), et du temps pour les interactions sociales (relations).

En conclusion, une routine quotidienne bien établie n'est pas seulement un outil pour mieux gérer son temps ; elle est aussi une méthode éprouvée pour améliorer la productivité, réduire le stress et cultiver un meilleur équilibre entre vie professionnelle et personnelle. En comprenant les principes psychologiques sous-jacents, vous serez mieux équipé pour créer une routine qui vous soutient dans tous les aspects de votre vie.

Bonne Pratique pour le Chapitre 1 : Pourquoi une routine quotidienne est importante?

- Définissez vos objectifs : Avant de mettre en place une routine, prenez le temps de définir vos objectifs personnels et professionnels. Cela vous aidera à concevoir une routine qui soutient vos aspirations et ambitions.

CHAPITRE 2 :

Élaborer votre routine matinale

"Le monde appartient à ceux qui se lèvent tôt."
– Proverbe français

Les premières heures de la journée posent le ton pour tout ce qui suit. Explorez l'importance des rituels matinaux et découvrez des exemples concrets pour commencer chaque journée du bon pied. Apprenez à personnaliser votre routine matinale pour répondre à vos besoins uniques et atteindre vos objectifs.

Les premières heures de la journée sont cruciales pour poser les bases d'une journée productive et équilibrée. Une routine matinale bien pensée peut vous aider à démarrer du bon pied, à améliorer votre humeur et à booster votre énergie pour affronter les défis quotidiens. Dans ce chapitre, nous explorerons l'importance de ces premières heures, fournirons des exemples de rituels matinaux efficaces et vous donnerons des conseils pour créer une routine matinale adaptée à vos besoins et objectifs.

L'importance Des Premières Heures De La Journée :

1. Définir le Ton de la Journée :

La manière dont vous commencez votre journée influence votre humeur, votre énergie et votre niveau de productivité. Une routine matinale positive peut créer un élan qui vous porte tout au long de la journée.

2. Gestion du Stress :

Commencer la journée de manière calme et organisée peut réduire le stress et l'anxiété. En prenant le temps de bien débuter votre journée, vous êtes mieux préparé à affronter les imprévus et les défis.

3. Renforcement de la Discipline :

Une routine matinale cohérente renforce votre discipline personnelle. Se lever à la même heure chaque jour, par exemple, aide à réguler votre horloge biologique et à améliorer la qualité de votre sommeil.

Exemples De Rituels Matinaux Pour Commencer La Journée Du Bon Pied :

1. Réveil Matinal et Éveil en Douceur :

   - Se Lever Tôt : Se lever tôt permet de commencer la journée sans précipitation.

   - Éviter les écrans : Pendant les premières minutes après le réveil, évitez de consulter votre téléphone ou vos emails pour réduire le stress et l'anxiété.

2. Exercice Physique :

   - Étirements ou Yoga : Quelques minutes d'étirements ou de yoga peuvent réveiller doucement votre corps et améliorer votre circulation.

   - Entraînement Cardio : Une séance de cardio stimule la production d'endorphines et booste votre énergie.

3. Petit-Déjeuner Sain :

   - Aliments Nutritifs : Optez pour un petit-déjeuner riche en protéines et en fibres pour maintenir votre énergie et votre concentration.

   - Hydratation : Commencez la journée en buvant un grand verre d'eau pour réhydrater votre corps après la nuit.

4. Pratique de la Pleine Conscience :

- Méditation : Quelques minutes de méditation peuvent aider à clarifier votre esprit et à préparer votre journée avec une attitude positive.

- Journal de Gratitude : Noter quelques choses pour lesquelles vous êtes reconnaissant peut améliorer votre état d'esprit et votre bien-être général.

5. Planification de la Journée :

- Liste des Tâches : Faire une liste des tâches à accomplir aide à structurer votre journée et à définir vos priorités.

- Objectifs du Jour : Identifiez les trois objectifs les plus importants à atteindre pour rester concentré sur l'essentiel.

Conseils Pour Créer Une Routine Matinale Adaptée À Vos Besoins Et Objectifs :

1. Évaluer Vos Priorités :

- Identifiez ce qui est le plus important pour vous le matin : l'exercice, la méditation, un bon petit-déjeuner, etc. Personnalisez votre routine en fonction de vos priorités.

2. Commencer Petit :

- Introduisez progressivement de nouveaux éléments dans votre routine. Ne cherchez pas à tout changer en une fois. Commencez par ajouter une ou deux nouvelles habitudes à la fois.

3. Être Flexible :

- La vie est imprévisible, donc soyez prêt à adapter votre routine si nécessaire. L'important est de maintenir une certaine constance tout en étant flexible.

4. Se Réveiller à la Même Heure :

- Essayez de vous lever à la même heure chaque jour, même le week-end, pour réguler votre horloge biologique et améliorer la qualité de votre sommeil.

5. Éviter les Distractions :

- Éliminez les distractions potentielles comme les réseaux sociaux ou les emails. Réservez les premières heures pour vous concentrer sur vos rituels matinaux.

En suivant ces conseils, vous pouvez élaborer une routine matinale qui non seulement optimise votre journée, mais qui correspond également à vos besoins spécifiques et à vos objectifs personnels. Une bonne routine matinale est la première étape vers une journée productive, équilibrée et pleine de succès.

Bonne Pratique pour le Chapitre 2 : Élaborer votre routine matinale

- Pratiquez la gratitude : Intégrez une pratique de gratitude dans votre routine matinale en prenant quelques instants pour réfléchir à ce pour quoi vous êtes reconnaissant. Cela peut aider à commencer la journée avec une perspective positive et à renforcer votre bien-être émotionnel.

CHAPITRE 3 :

Maximiser votre productivité pendant la journée

"Ne remets pas à demain ce que tu peux faire aujourd'hui." – Proverbe latin

Gérer votre temps efficacement est essentiel pour une journée réussie. Découvrez des stratégies pratiques pour rester concentré, éviter les distractions et intégrer des pauses bien méritées dans votre emploi du temps chargé.

Une fois votre journée bien commencée avec une routine matinale efficace, il est essentiel de maintenir ce niveau de productivité tout au long de la journée. Ce chapitre vous fournira des stratégies pour gérer votre temps efficacement, rester concentré, éviter les distractions et intégrer des pauses régénératrices pour maximiser votre productivité.

Gérer Votre Temps Efficacement :

1. Priorisation des Tâches :

- Méthode ABCDE : Classez vos tâches en catégories A (très importantes), B (importantes), C (moins importantes), D (délégables) et E (éliminables). Cela vous aide à vous concentrer sur ce qui compte vraiment.

- Technique Pomodoro : Travaillez en sessions de 25 minutes suivies d'une pause de 5 minutes. Après quatre sessions, prenez une pause plus longue de 15 à 30 minutes.

2. Planification et Organisation :

- Liste de Tâches : Utilisez une liste de tâches quotidienne pour suivre vos responsabilités. Assurez-vous de réviser et de mettre à jour votre liste régulièrement.

- Calendrier : Utilisez un calendrier pour bloquer des plages horaires dédiées à des tâches spécifiques. Cela vous permet de structurer votre journée et de respecter vos priorités.

3. Objectifs SMART :

- Définissez des objectifs spécifiques, mesurables, atteignables, pertinents et temporellement définis. Cela vous donne une direction claire et des critères pour mesurer vos progrès.

Stratégies Pour Rester Concentré Et Éviter Les Distractions :

1. Environnement de Travail :

 - Espace Dédié : Travaillez dans un espace dédié, propre et bien organisé pour minimiser les distractions.

 - Élimination des Distractions : Désactivez les notifications de votre téléphone et ordinateur. Utilisez des applications de blocage de sites si nécessaire pour éviter les distractions en ligne.

2. Techniques de Concentration :

 - Mindfulness : La pleine conscience peut améliorer votre capacité de concentration. Prenez quelques minutes pour pratiquer la méditation ou des exercices de respiration.

 - Mono-tâche : Concentrez-vous sur une tâche à la fois au lieu de faire du multitâche, ce qui peut réduire l'efficacité et augmenter les erreurs.

3. Gestion de l'Énergie :

 - Alternance Travail-Repos : Alternez entre périodes de travail intense et courtes pauses pour maintenir un haut niveau d'énergie.

- Hydratation et Alimentation : Buvez suffisamment d'eau et mangez des collations saines pour maintenir votre énergie tout au long de la journée.

Intégrer Des Pauses Et Des Moments De Détente Dans Votre Journée :

1. Pauses Régulières :

- Micro-Pauses : Prenez de courtes pauses de 1 à 5 minutes toutes les heures pour vous étirer, marcher ou simplement respirer profondément.

- Pauses Longues : Intégrez des pauses plus longues dans votre journée, comme une pause déjeuner sans écrans pour recharger vos batteries.

2. Activités de Détente :

- Exercice Physique : Faites de l'exercice léger comme une marche rapide ou quelques étirements pour détendre votre corps et rafraîchir votre esprit.

- Moments de Plaisir : Prenez du temps pour des activités que vous aimez, comme lire quelques pages d'un livre, écouter de la musique ou passer du temps avec des collègues ou des amis.

3. Gestion du Stress :

- Techniques de Relaxation : Utilisez des techniques de relaxation comme la méditation, le yoga ou la respiration profonde pour réduire le stress et l'anxiété.

- Système de Soutien : Discutez avec des amis, des collègues ou des mentors pour partager vos préoccupations et obtenir du soutien.

En mettant en œuvre ces stratégies, vous pouvez maximiser votre productivité pendant la journée tout en prenant soin de votre bien-être. Une gestion efficace du temps et de l'énergie, combinée à des pauses régulières, vous permet de maintenir un niveau de performance élevé sans épuisement. Vous serez ainsi mieux préparé à accomplir vos tâches et à atteindre vos objectifs, tout en restant équilibré et motivé.

Bonne Pratique pour le Chapitre 3 : Maximiser votre productivité pendant la journée

- Utilisez la technique Pomodoro : Adoptez la technique Pomodoro pour améliorer votre concentration et votre efficacité. Travaillez pendant 25 minutes sur une tâche, puis accordez-vous une pause de 5 minutes. Répétez ce cycle plusieurs fois pour optimiser votre productivité.

CHAPITRE 4 :

*La routine du soir :
Préparer demain*

"Une nuit de sommeil est la mère de tous les conseils." – *Proverbe chinois*

La manière dont vous terminez votre journée peut avoir un impact significatif sur la qualité de votre sommeil et votre préparation pour le lendemain. Explorez l'importance de la routine du soir pour une transition en douceur vers le sommeil, et découvrez des conseils pour décompresser et préparer votre environnement pour une nuit de repos réparateur.

La manière dont vous terminez votre journée est aussi importante que la façon dont vous la commencez. Une routine du soir bien établie peut faciliter une transition en douceur vers le sommeil, améliorer la qualité de votre repos et vous préparer pour une nouvelle journée productive. Dans ce chapitre, nous aborderons l'importance de la routine du soir, des conseils pour décompresser et des stratégies pour préparer votre environnement pour une nuit de sommeil réparateur.

L'importance De La Routine Du Soir Pour Une Transition En Douceur Vers Le Sommeil :

1. Régulation du Cycle de Sommeil :

- Une routine du soir régulière aide à réguler votre horloge biologique, facilitant l'endormissement et le réveil à des heures constantes. Cela améliore la qualité de votre sommeil et votre niveau d'énergie le lendemain.

2. Réduction du Stress et de l'Anxiété :

- Des activités relaxantes en soirée réduisent les niveaux de stress et d'anxiété accumulés pendant la journée. Une routine apaisante peut calmer votre esprit et préparer votre corps à une nuit de repos.

3. Préparation Mentale pour le Lendemain :

- Une routine du soir permet de clôturer la journée de manière organisée et de préparer mentalement la journée suivante. Cela inclut la planification et la réflexion sur les tâches à venir.

Conseils Pour Décompresser Et Se Détendre Après Une Journée Chargée :

1. Déconnexion Digitale :

   - Limiter l'Exposition aux Écrans : Réduisez l'utilisation des écrans au moins une heure avant de dormir. La lumière bleue émise par les écrans peut perturber la production de mélatonine, l'hormone du sommeil.

   - Mode Nuit : Utilisez le mode nuit ou des applications de filtre de lumière bleue si vous devez utiliser des appareils électroniques en soirée.

2. Activités Relaxantes :

   - Lecture : Lire un livre (non électronique) peut aider à se détendre et à éloigner les pensées stressantes.

   - Bain Chaud : Un bain chaud ou une douche peut détendre les muscles et signaler à votre corps qu'il est temps de se préparer au sommeil.

3. Pratiques de Pleine Conscience :

   - Méditation : Quelques minutes de méditation ou de respiration profonde peuvent aider à calmer l'esprit et à réduire l'anxiété.

   - Journal de Gratitude : Écrire quelques lignes sur

ce pour quoi vous êtes reconnaissant peut améliorer votre état d'esprit et votre humeur avant de dormir.

Préparer Votre Environnement Pour Une Nuit De Sommeil Réparateur :

1. Amélioration de l'Environnement de Sommeil :

   - Chambre Sombre et Fraîche : Assurez-vous que votre chambre est sombre, fraîche et silencieuse. Utilisez des rideaux occultants et des bouchons d'oreilles si nécessaire.

   - Literie Confortable : Investissez dans un matelas et des oreillers de qualité pour un sommeil confortable.

2. Routine de Couché Régulière :

   - Heure Fixe : Essayez de vous coucher et de vous réveiller à la même heure chaque jour, même le week-end, pour réguler votre cycle de sommeil.

   - Rituels Apaisants : Établissez des rituels apaisants comme boire une tisane, écouter de la musique douce ou pratiquer des étirements légers.

3. Planification du Lendemain :

   - Liste de Tâches : Notez les tâches importantes pour le lendemain afin de vider votre esprit et d'éviter de penser à ce que vous devez faire pendant la nuit.

- Préparation Pratique : Préparez vos vêtements, votre sac ou tout autre élément nécessaire pour le lendemain afin de réduire le stress matinal.

En intégrant ces conseils dans votre routine du soir, vous pouvez créer une transition harmonieuse vers la nuit, assurant un sommeil réparateur et un réveil énergique. Une routine du soir efficace est essentielle pour clore la journée sur une note positive, préparer votre esprit et votre corps au repos, et vous mettre dans les meilleures conditions pour affronter le jour suivant avec une énergie renouvelée et une clarté d'esprit optimale.

Bonne Pratique pour le Chapitre 4 : La routine du soir : Préparer demain

- Établissez une liste de tâches pour le lendemain : Avant de vous coucher, prenez quelques minutes pour établir une liste de tâches pour le lendemain. Cela vous permettra de commencer la journée avec un plan clair en tête, réduisant ainsi le stress et l'incertitude dès le matin.

CHAPITRE 5 :

Surmonter les obstacles et s'adapter aux changements

"La flexibilité est la clé de la stabilité." – Proverbe coréen

La vie est pleine de défis et de changements imprévus, mais cela ne devrait pas compromettre votre routine quotidienne. Découvrez comment rester sur la bonne voie même lorsque la vie devient chaotique, en surmontant la procrastination et en cultivant la flexibilité nécessaire pour vous adapter aux circonstances changeantes.

Même les meilleures routines quotidiennes peuvent être perturbées par des imprévus et des changements. Dans ce chapitre, nous explorerons comment rester sur la bonne voie lorsque la vie devient chaotique, les stratégies pour surmonter la procrastination et rester motivé, ainsi que l'importance de la flexibilité dans votre routine quotidienne. En adoptant une approche flexible et résiliente, vous pourrez maintenir votre efficacité et votre bien-être même en période de turbulences.

Comment Rester Sur La Bonne Voie Lorsque La Vie Devient Chaotique :

1. Priorisation des Tâches :

  - Identifier les Essentiels : Lorsque des imprévus surviennent, identifiez les tâches essentielles qui doivent absolument être réalisées. Concentrez-vous sur ces priorités et laissez de côté les tâches moins importantes.

  - Adaptation des Objectifs : Soyez prêt à ajuster vos objectifs quotidiens en fonction des nouvelles circonstances. Réduire temporairement vos attentes peut aider à gérer le stress et à rester productif.

2. Maintenir une Routine Basique :

  - Rituels Minimaux : Même en période de chaos, essayez de maintenir quelques rituels de base comme une routine de sommeil régulière, des repas équilibrés et de courtes pauses pour vous ressourcer.

  - Ancrage dans la Stabilité : Conservez quelques éléments constants de votre routine pour vous ancrer et garder un sentiment de contrôle.

3. Pratiques de Gestion du Stress :

- Techniques de Relaxation : Utilisez des techniques de relaxation comme la respiration profonde, la méditation ou le yoga pour gérer le stress accru.

- Soutien Social : N'hésitez pas à demander du soutien à vos proches, collègues ou mentors. Parler de vos défis peut soulager le stress et offrir de nouvelles perspectives.

Stratégies Pour Surmonter La Procrastination Et Rester Motivé :

1. Décomposition des Tâches :

- Petites Étapes : Décomposez les grandes tâches en petites étapes plus gérables. Cela réduit la sensation de surcharge et facilite le démarrage.

- Progression Visible : Cochez chaque petite étape accomplie. Voir votre progression peut être très motivant.

2. Récompenses et Motivations :

- Récompenses Personnelles : Offrez-vous de petites récompenses après avoir terminé des tâches importantes. Cela peut être une pause, un en-cas ou une activité agréable.

- Visualisation des Bénéfices : Rappelez-vous des

bénéfices à long terme de l'accomplissement de vos tâches. Visualiser le résultat final peut renforcer votre motivation.

3. Engagement Public :

- Déclarations Publiques : Annoncez vos objectifs à des amis ou à des collègues. L'engagement public peut créer une pression positive pour accomplir vos tâches.

- Partenariat de Responsabilité : Trouvez un partenaire de responsabilité avec qui vous pouvez partager vos progrès et défis. Cela ajoute une couche de soutien et de motivation.

L'importance De La Flexibilité Dans Votre Routine Quotidienne :

1. Adaptabilité aux Changements :

- Révision Régulière : Révisez régulièrement votre routine pour voir ce qui fonctionne et ce qui ne fonctionne pas. Soyez prêt à ajuster vos habitudes en fonction de vos besoins et de votre contexte.

- Ouverture à l'Innovation : Adoptez de nouvelles méthodes et technologies qui peuvent améliorer votre routine et votre productivité.

2. Gestion des Imprévus :

- Plan B : Ayez toujours un plan B pour les situations imprévues. Par exemple, si vous ne pouvez pas aller à la salle de sport, ayez une routine d'exercice à domicile prête.

- Priorités Flexibles : Acceptez que certaines priorités peuvent changer en fonction des circonstances et adaptez-vous en conséquence.

3. Cultiver la Résilience :

- Mentalité de Croissance : Adoptez une mentalité de croissance qui voit les défis comme des opportunités d'apprentissage. Cela vous aide à rester positif et proactif face aux obstacles.

- Pratiques de Bien-Être : Intégrez des pratiques de bien-être comme la pleine conscience, la méditation et l'exercice physique pour renforcer votre résilience face aux stress et aux changements.

Bonne Pratique pour le Chapitre 5 : Surmonter les obstacles et s'adapter aux changements

- Pratiquez la résilience : Cultivez une attitude de résilience en adoptant des stratégies pour surmonter les obstacles et vous adapter aux changements. Restez ouvert aux ajustements dans votre routine et apprenez à rebondir face aux défis qui se présentent.

CONCLUSION :

"Commencez par faire ce qui est nécessaire, puis ce qui est possible, et soudain vous réaliserez l'impossible." – Saint François d'Assise

Rappelez-vous des points clés abordés dans cet ebook et soyez encouragé à mettre en pratique les conseils pour maximiser votre journée grâce à une routine quotidienne efficace. Partagez vos propres succès et expériences avec la communauté, et continuez à progresser sur le chemin de l'efficacité et du bien-être.

En conclusion, surmonter les obstacles et s'adapter aux changements est essentiel pour maintenir une routine quotidienne efficace. En développant des stratégies pour rester sur la bonne voie, en surmontant la procrastination et en adoptant une approche flexible, vous pouvez naviguer à travers les défis de la vie tout en restant productif et équilibré. La clé est de rester adaptable, résilient et toujours prêt à ajuster votre routine pour mieux répondre à vos besoins et à vos objectifs.

RESSOURCES SUPPLÉMENTAIRES :

"Un bon outil améliore le travail." – *Proverbe italien*

Explorez une liste de lectures recommandées pour approfondir vos connaissances sur le sujet. Découvrez des outils et des applications utiles pour planifier et suivre votre routine quotidienne, ainsi que des liens vers des ressources en ligne supplémentaires pour un soutien continu dans votre voyage vers une vie plus productive et équilibrée.

Dans cette section, nous allons vous fournir une série de ressources supplémentaires pour approfondir votre compréhension des routines quotidiennes et maximiser votre efficacité. Ces ressources incluent des lectures recommandées, des outils et applications pour planifier et suivre votre routine, ainsi que des liens vers des ressources en ligne supplémentaires. Utilisez ces outils pour enrichir votre routine quotidienne et maintenir votre productivité et bien-être à un niveau optimal.

Liste De Lectures Recommandées :

1. "Atomic Habits" de James Clear :

- Ce livre explore la science des habitudes et offre des conseils pratiques pour construire de bonnes habitudes et éliminer les mauvaises. Clear explique comment de petits changements peuvent conduire à des résultats significatifs sur le long terme.

2. "The Power of Habit" de Charles Duhigg :

- Duhigg explore le pouvoir des habitudes et comment elles influencent nos vies. Le livre offre des idées sur la manière de créer des routines efficaces et de changer les habitudes néfastes.

3. "Deep Work" de Cal Newport :

- Newport examine l'importance de la concentration dans un monde de distractions. Il offre des stratégies pour entrer dans un état de travail profond et productif, essentiel pour accomplir des tâches importantes.

4. "Miracle Morning" de Hal Elrod :

- Elrod propose une méthode pour transformer

votre matinée et, par extension, votre vie. Il décrit une routine matinale en six étapes pour améliorer votre développement personnel et professionnel.

5. "Getting Things Done" de David Allen :

   - Allen présente une méthode de gestion du temps et de la productivité qui aide à organiser les tâches et à réduire le stress. Ce livre est une référence pour ceux qui cherchent à améliorer leur efficacité au quotidien.

Outils Et Applications Pour Aider À Planifier Et Suivre Votre Routine Quotidienne :

1. Todoist :

   - Une application de gestion de tâches qui vous permet de créer des listes de tâches, de définir des priorités et de suivre vos progrès. Elle est idéale pour organiser vos journées et vos projets.

2. Trello :

   - Un outil de gestion de projet basé sur des cartes qui vous aide à visualiser et à suivre vos tâches. Trello est parfait pour organiser vos idées et vos tâches de manière flexible et visuelle.

3. Habitica :

- Une application qui transforme la gestion des habitudes en jeu. Vous gagnez des récompenses virtuelles en accomplissant vos tâches, ce qui rend la construction d'habitudes plus amusante et motivante.

4. Forest :

- Une application qui vous aide à rester concentré en plantant des arbres virtuels. Lorsque vous vous concentrez sur une tâche sans utiliser votre téléphone, votre arbre grandit. Si vous quittez l'application, l'arbre meurt.

5. RescueTime :

- Un outil de suivi du temps qui analyse comment vous passez votre temps sur votre ordinateur et votre téléphone. Il offre des rapports détaillés pour vous aider à comprendre et à améliorer votre productivité.

Liens Vers Des Ressources En Ligne Supplémentaires :

1. Blogs sur la Productivité :

- Zen Habits (zenhabits.net) : Un blog de Leo Ba-

bauta qui offre des conseils pratiques sur la simplicité, la productivité et la pleine conscience.

- Lifehack (lifehack.org) : Un site avec une multitude d'articles sur la gestion du temps, les habitudes de vie, et des astuces pour améliorer votre quotidien.

2. Forums et Communautés en Ligne :

- Reddit (r/productivity) : Une communauté où vous pouvez partager des conseils, poser des questions et trouver des discussions sur la productivité et la gestion des routines.

- Quora : Un site de questions-réponses où vous pouvez trouver des discussions sur les routines quotidiennes et obtenir des conseils d'experts et de la communauté.

3. Cours et Webinaires :

- Coursera et Udemy : Ces plateformes offrent des cours sur la gestion du temps, la productivité et le développement personnel. Cherchez des cours spécifiques pour approfondir vos connaissances et compétences.

- Mindfulness-Based Stress Reduction (MBSR) : Des programmes en ligne pour apprendre la pleine conscience et la réduction du stress, ce qui peut grandement améliorer votre routine quotidienne.

4. Podcasts sur la Productivité :

- The Tim Ferriss Show : Un podcast où Tim Ferriss explore les routines et les habitudes de personnalités de divers domaines.

- The Productivity Show : Un podcast dédié à l'amélioration de la productivité avec des conseils pratiques et des interviews d'experts.

En utilisant ces ressources supplémentaires, vous pourrez approfondir vos connaissances, découvrir de nouvelles stratégies et outils, et améliorer continuellement votre routine quotidienne. Ces ressources vous offrent une variété d'approches pour rester productif, réduire le stress et maintenir un équilibre sain entre vie professionnelle et personnclle.

EXERCICE PRATIQUE SUR LE CHAPITRE 1 :

Pourquoi une routine quotidienne est importante

Pour vous aider à comprendre l'importance d'une routine quotidienne et à intégrer les concepts discutés dans ce chapitre, nous vous proposons un exercice pratique en trois étapes. Cet exercice vise à vous faire réfléchir sur vos habitudes actuelles, à identifier les domaines d'amélioration et à concevoir une routine quotidienne personnalisée qui répond à vos besoins.

Étape 1 : Auto-Évaluation De Votre Routine Actuelle

Prenez 10 à 15 minutes pour répondre aux questions suivantes. Soyez honnête et précis dans vos réponses pour obtenir une évaluation claire de votre routine actuelle.

1. Horaires :

- À quelle heure vous réveillez-vous généralement ?

- À quelle heure vous couchez-vous généralement ?

- Vos horaires de réveil et de coucher sont-ils constants ou varient-ils beaucoup ?

2. Activités Matinales :

- Que faites-vous généralement dans la première heure après votre réveil ?

- Est-ce que vous prenez le temps de déjeuner ? Si oui, que mangez-vous ?

- Engagez-vous dans une activité physique ou une pratique de pleine conscience le matin ?

3. Activités de la Journée :

- Comment structurez-vous votre journée de travail ou d'étude ?

- Prenez-vous des pauses régulières pendant la journée ? Si oui, à quelle fréquence et pour combien de temps ?

- Comment gérez-vous les distractions pendant la journée ?

4. Activités du Soir :

- Que faites-vous généralement dans la dernière heure avant de vous coucher ?

- Avez-vous des rituels de détente ou des pratiques

de pleine conscience le soir ?

- Comment préparez-vous votre environnement pour une nuit de sommeil réparateur ?

Étape 2 : Identification Des Points D'amélioration

Passez en revue vos réponses à l'étape 1 et identifiez les domaines où vous pourriez apporter des améliorations. Utilisez les questions suivantes pour vous guider :

1. Cohérence des horaires :

- Vos horaires de réveil et de coucher sont-ils suffisamment réguliers ?

- Pouvez-vous ajuster votre horaire pour avoir une routine plus cohérente ?

2. Qualité des activités matinales :

- Vos activités matinales sont-elles bénéfiques pour votre bien-être et votre productivité ?

- Pouvez-vous intégrer des rituels de pleine conscience ou d'exercice physique le matin ?

3. Gestion de la journée :

- Votre structure de journée est-elle efficace pour

maintenir votre productivité ?

- Pouvez-vous introduire des pauses régulières pour éviter la fatigue et le stress ?

4. Qualité des activités du soir :

- Vos activités du soir vous aident-elles à vous détendre et à bien dormir ?

- Pouvez-vous introduire des rituels apaisants pour améliorer la qualité de votre sommeil ?

Étape 3 : Élaboration D'une Nouvelle Routine Quotidienne

En vous basant sur vos réflexions des étapes 1 et 2, concevez une routine quotidienne améliorée qui inclut des pratiques bénéfiques pour votre bien-être et votre productivité. Décrivez votre nouvelle routine en détail, en précisant les horaires et les activités pour chaque moment clé de la journée.

1. Routine Matinale :

- Heure de réveil :

- Activités de la première heure (exercice, méditation, petit-déjeuner, etc.) :

2. Routine de la Journée :

- Structure de la journée de travail ou d'étude (heures de travail, pauses, gestion des tâches) :

- Stratégies pour gérer les distractions et rester concentré :

3. Routine du Soir :

- Heure de coucher :

- Activités de détente et de préparation au sommeil (lecture, méditation, préparation de l'environnement) :

Mise en Pratique et Réflexion

Mettez en pratique votre nouvelle routine quotidienne pendant une semaine. À la fin de la semaine, prenez du temps pour réfléchir sur les questions suivantes :

1. Quelles sont les améliorations que vous avez remarquées dans votre bien-être et votre productivité ?
2. Quels aspects de la nouvelle routine ont bien fonctionné ?
3. Quels ajustements pourriez-vous apporter pour encore améliorer votre routine quotidienne ?

En suivant cet exercice, vous pourrez non seulement comprendre l'importance d'une routine quotidienne bien structurée, mais aussi mettre en place des habitudes qui amélioreront votre qualité de vie et votre efficacité au quotidien.

EXERCICE PRATIQUE SUR LE CHAPITRE 2 :

Élaborer votre routine matinale

Cet exercice pratique vous guidera dans la création d'une routine matinale efficace adaptée à vos besoins et objectifs. Suivez les étapes ci-dessous pour concevoir et tester votre nouvelle routine matinale.

Étape 1 : Analyse De Votre Matinée Actuelle

Prenez 10 à 15 minutes pour répondre aux questions suivantes sur votre routine matinale actuelle. Soyez honnête et précis dans vos réponses.

1. Heure de Réveil :

   - À quelle heure vous réveillez-vous habituellement ?

   - Utilisez-vous un réveil ou vous réveillez-vous naturellement ?

2. Activités Immédiates :

- Quelle est la première chose que vous faites après vous être levé ?

- Passez-vous du temps sur votre téléphone ou d'autres écrans immédiatement après le réveil ?

3. Petit-Déjeuner :

- Prenez-vous un petit-déjeuner ? Si oui, que mangez-vous ?

- À quel moment prenez-vous votre petit-déjeuner après votre réveil ?

4. Pratiques de Bien-être :

- Faites-vous de l'exercice le matin ? Si oui, quel type et pendant combien de temps ?

- Pratiquez-vous des activités de pleine conscience, comme la méditation ou la gratitude ?

5. Préparation de la Journée :

- Combien de temps prenez-vous pour vous préparer (douche, habillage, etc.) ?

- Planifiez-vous votre journée le matin, en notant les tâches et les priorités ?

Étape 2 : Identification Des Domaines

D'amélioration

Passez en revue vos réponses et identifiez les aspects de votre routine matinale qui peuvent être améliorés. Utilisez les questions suivantes pour vous guider :

1. Régularité :

   - Votre heure de réveil est-elle constante chaque jour ?

   - Pouvez-vous ajuster votre horaire de réveil pour le rendre plus cohérent ?

2. Qualité des Activités :

   - Les premières activités que vous faites après le réveil sont-elles bénéfiques pour votre bien-être et votre énergie ?

   - Pouvez-vous remplacer les activités inutiles (comme vérifier les réseaux sociaux) par des activités plus productives ou apaisantes ?

3. Santé et Énergie :

   - Votre petit-déjeuner est-il nutritif et énergisant ?

   - Pouvez-vous inclure de l'exercice physique ou des pratiques de pleine conscience pour mieux commencer la journée ?

4. Préparation et Planification :

- Votre routine vous laisse-t-elle suffisamment de temps pour vous préparer sans stress ?

- Pouvez-vous intégrer une brève session de planification pour définir vos priorités de la journée ?

Étape 3 : Élaboration D'une Nouvelle Routine Matinale

En vous basant sur vos réflexions des étapes 1 et 2, concevez une nouvelle routine matinale. Décrivez en détail les activités et les horaires que vous allez suivre.

1. Heure de Réveil :

- Fixez une heure de réveil constante :

- Méthode pour se réveiller (réveil naturel, alarme douce, etc.) :

2. Activités Immédiates :

- Activité première (étirements, boire de l'eau, etc.) :

- Limitation de l'utilisation des écrans (temps et

alternatives) :

3. Petit-Déjeuner :

   - Type de petit-déjeuner (nutritif et équilibré) :

   - Heure approximative du petit-déjeuner après le réveil :

4. Pratiques de Bien-être :

   - Type d'exercice (yoga, jogging, etc.) et durée :

   - Activités de pleine conscience (méditation, gratitude, journaling) et durée :

5. Préparation de la Journée :

   - Temps alloué à la préparation personnelle (douche, habillage, etc.) :

   - Session de planification (révision des tâches et priorités) :

Étape 4 : Mise En Pratique Et Suivi

Mettez en pratique votre nouvelle routine matinale pendant une semaine. Utilisez le tableau de suivi ci-dessous pour noter vos observations chaque jour :

Jour	Réveil	Immédiates	Déjeuner	Bien-être	Planification	et Ressentis
Lundi						
Mardi						
Mercredi						
Jeudi						
Vendredi						
Samedi						
Dimanche						

Étape 5 : Réflexion Et Ajustements

À la fin de la semaine, réfléchissez aux questions suivantes pour évaluer l'efficacité de votre nouvelle routine :

1. Quels changements positifs avez-vous remarqués dans votre énergie, votre humeur et votre productivité ?

2. Quelles parties de la nouvelle routine ont bien fonctionné ?

3. Quelles difficultés ou obstacles avez-vous rencontrés ?

4. Quels ajustements pourriez-vous apporter pour encore améliorer votre routine matinale ?

En suivant cet exercice, vous pourrez élaborer une routine matinale qui vous permet de commencer chaque journée de manière positive, productive et équilibrée. Continuez à affiner votre routine jusqu'à ce qu'elle devienne une partie intégrante de votre vie quotidienne, vous aidant à atteindre vos objectifs et à maintenir votre bien-être.

EXERCICE PRATIQUE SUR LE CHAPITRE 3 :

Maximiser votre productivité pendant la journée

Cet exercice pratique vous aidera à gérer votre temps efficacement, à rester concentré et à intégrer des pauses et des moments de détente dans votre journée pour maximiser votre productivité.

Étape 1 : Analyse De Votre Journée Actuelle

Prenez 10 à 15 minutes pour répondre aux questions suivantes sur la manière dont vous passez actuellement vos journées. Soyez honnête et précis dans vos réponses.

1. Organisation du Temps :

   - Comment planifiez-vous vos journées (listes de tâches, agenda, applications, etc.) ?

   - À quel point suivez-vous votre plan de la journée ?

2. Concentration et Distractions :

   - Quels sont les principaux obstacles à votre concentration ?

   - Quelles distractions affectent le plus votre productivité (réseaux sociaux, collègues, notifications, etc.) ?

3. Pauses et Détente :

   - Prenez-vous des pauses régulières pendant la journée ? Si oui, à quelle fréquence et pour combien de temps ?

   - Que faites-vous pendant vos pauses pour vous détendre et recharger vos batteries ?

Étape 2 : Identification Des Domaines D'amélioration

Passez en revue vos réponses et identifiez les aspects de votre gestion du temps et de votre productivité qui peuvent être améliorés. Utilisez les questions suivantes pour vous guider :

1. Efficacité de la Planification :

   - Votre méthode de planification est-elle suffisamment détaillée et réaliste ?

   - Pouvez-vous utiliser des techniques de priorisation (par exemple, la matrice d'Eisenhower) pour mieux organiser vos tâches ?

2. Gestion des Distractions :

   - Pouvez-vous identifier et éliminer ou réduire les distractions majeures ?

   - Quelles stratégies pouvez-vous adopter pour améliorer votre concentration (par exemple, la technique Pomodoro) ?

3. Qualité des Pauses :

   - Vos pauses sont-elles réellement efficaces pour vous détendre et recharger vos batteries ?

   - Pouvez-vous intégrer des activités plus relaxantes ou revitalisantes pendant vos pauses (par exemple, marcher, méditer) ?

Étape 3 : Élaboration D'un Plan De Productivité Amélioré

En vous basant sur vos réflexions des étapes 1 et 2, concevez un plan de productivité amélioré pour une journée type. Décrivez en détail les activités et les horaires que vous allez suivre.

1. Planification du Matin :

   - Heure de début de travail :

- Principales tâches à accomplir le matin (priorisées) :

- Utilisation d'une technique de planification (par exemple, blocage de temps, matrice d'Eisenhower) :

2. Stratégies de Concentration :

- Stratégie pour gérer les distractions (par exemple, désactiver les notifications, utiliser des applications de blocage de sites) :

- Utilisation de techniques de concentration (par exemple, technique Pomodoro : 25 minutes de travail, 5 minutes de pause) :

3. Intégration des Pauses :

- Fréquence des pauses (par exemple, toutes les 90 minutes) :

- Activités prévues pendant les pauses (par exemple, étirements, marche rapide, méditation) :

4. Planification de l'Après-midi :

- Principales tâches à accomplir l'après-midi (priorisées) :

- Adaptation des stratégies de concentration et des pauses selon les besoins :

5. Fin de Journée :

- Révision des tâches accomplies :

- Préparation des tâches pour le lendemain :

- Activités de transition pour terminer la journée de travail (par exemple, liste de gratitude, relaxation) :

Étape 4 : Mise En Pratique Et Suivi

Mettez en pratique votre nouveau plan de productivité pendant une semaine. Utilisez le tableau de suivi ci-dessous pour noter vos observations chaque jour :

Jour	Heure de Réveil	Activités Immédiates	Petit-Déjeuner	Exercice et Bien-être	Préparation et Planification	Commentaires et Ressentis
Lundi						
Mardi						
Mercredi						
Jeudi						
Vendredi						
Samedi						
Dimanche						

Étape 5 : Réflexion Et Ajustements

À la fin de la semaine, réfléchissez aux questions suivantes pour évaluer l'efficacité de votre nouveau plan de productivité :

1. Quels changements positifs avez-vous remarqués dans votre productivité et votre niveau de stress ?

2. Quelles parties du plan ont bien fonctionné ?

3. Quelles difficultés ou obstacles avez-vous rencontrés ?

4. Quels ajustements pourriez-vous apporter pour encore améliorer votre gestion du temps et votre productivité ?

En suivant cet exercice, vous pourrez maximiser votre productivité pendant la journée en adoptant des stratégies efficaces de gestion du temps, de concentration et de relaxation. Continuez à affiner votre plan jusqu'à ce qu'il devienne une partie intégrante de votre routine quotidienne, vous aidant à atteindre vos objectifs tout en maintenant un équilibre sain entre vie professionnelle et personnelle.

EXERCICE PRATIQUE SUR LE CHAPITRE 4 :

La routine du soir - Préparer demain

Cet exercice pratique vise à vous aider à comprendre l'importance de la routine du soir pour une transition en douceur vers le sommeil et à vous guider dans la création d'une routine du soir efficace pour préparer votre journée à venir.

Étape 1 : Auto-Évaluation De Votre Routine Du Soir Actuelle

Prenez 10 à 15 minutes pour répondre aux questions suivantes sur votre routine du soir actuelle. Soyez honnête et précis dans vos réponses.

1. Heure de Coucher :

   - À quelle heure vous couchez-vous habituellement ?

   - Combien de temps vous faut-il pour vous endormir généralement ?

2. Activités Avant le Coucher :

- Que faites-vous généralement dans la dernière heure avant de vous coucher ?

- Utilisez-vous des écrans (téléphone, ordinateur, télévision) avant de vous coucher ?

3. Détente et Préparation au Sommeil :

- Avez-vous des rituels de détente avant le coucher (lecture, méditation, bain chaud, etc.) ?

- Comment est votre environnement de sommeil (température, obscurité, silence) ?

4. Préparation de la Journée à Venir :

- Planifiez-vous votre journée à venir avant de vous coucher ?

- Avez-vous des habitudes ou des outils pour organiser vos tâches et priorités pour le lendemain ?

Étape 2 : Identification Des Points D'amélioration

Passez en revue vos réponses et identifiez les aspects de votre routine du soir qui peuvent être améliorés. Utilisez les questions suivantes pour vous guider :

1. Régularité de l'Heure de Coucher :

- Votre heure de coucher est-elle constante chaque soir ?

- Pouvez-vous ajuster votre horaire de coucher pour qu'il soit plus cohérent ?

2. Qualité des Activités Avant le Coucher :

- Vos activités avant le coucher favorisent-elles la relaxation et la préparation au sommeil ?

- Pouvez-vous limiter ou éliminer l'utilisation des écrans avant le coucher pour améliorer la qualité de votre sommeil ?

3. Efficacité de la Détente et de la Préparation au Sommeil :

- Vos rituels de détente sont-ils suffisamment apaisants pour favoriser le sommeil ?

- Pouvez-vous introduire de nouvelles pratiques de relaxation ou d'hygiène du sommeil pour améliorer la qualité de votre sommeil ?

4. Planification de la Journée à Venir :

- La planification de votre journée à venir vous aide-t-elle à vous sentir plus préparé et confiant ?

- Pouvez-vous utiliser des outils de planification plus efficaces pour organiser vos tâches et priorités pour le lendemain ?

Étape 3 : Élaboration D'une Nouvelle Routine Du Soir

En vous basant sur vos réflexions des étapes 1 et 2, concevez une nouvelle routine du soir. Décrivez en détail les activités et les horaires que vous allez suivre.

1. Heure de Début de la Routine du Soir :

   - Fixez une heure de début de la routine du soir :

   - Méthodes pour signaler le début de la routine (par exemple, éteindre les écrans, préparer une boisson chaude) :

2. Activités Avant le Coucher :

   - Liste des activités à éviter avant le coucher (par exemple, écrans, repas copieux) :

   - Activités de détente et de préparation au sommeil (lecture, méditation, étirement) :

3. Environnement de Sommeil :

   - Optimisation de votre environnement de sommeil (température, obscurité, silence) :

   - Utilisation de techniques pour favoriser l'endormissement (respiration profonde, visualisation, relaxation musculaire) :

4. Planification de la Journée à Venir :

   - Temps alloué pour la planification de la journée à venir :

   - Méthodes de planification (agenda, liste de tâches, application) :

Étape 4 : Mise En Pratique Et Suivi

Mettez en pratique votre nouvelle routine du soir pendant une semaine. Utilisez le tableau de suivi ci-dessous pour noter vos observations chaque jour :

Jour	Heure de Début de la Routine	Activités Avant le Coucher	Environnement de Sommeil	Planification de la Journée à Venir	Commentaires et Ressentis
Lundi					
Mardi					
Mercredi					
Jeudi					
Vendredi					
Samedi					
Dimanche					

Étape 5 : Réflexion Et Ajustements

À la fin de la semaine, réfléchissez aux questions suivantes pour évaluer l'efficacité de votre nouvelle routine du soir :

1. Quels changements positifs avez-vous remarqués dans la qualité de votre sommeil et votre préparation mentale pour la journée à venir ?

2. Quelles parties de la nouvelle routine ont bien fonctionné ?

3. Quelles difficultés ou obstacles avez-vous rencontrés ?

4. Quels ajustements pourriez-vous apporter pour encore améliorer votre routine du soir ?

En suivant cet exercice, vous pourrez développer une routine du soir efficace qui favorise une transition en douceur vers le sommeil et une préparation mentale optimale pour la journée à venir. Continuez à ajuster votre routine en fonction de vos besoins et de vos préférences pour maximiser ses bienfaits sur votre bien-être général.

EXERCICE PRATIQUE SUR LE CHAPITRE 5 :

Surmonter les obstacles et s'adapter aux changements

Cet exercice pratique vous aidera à développer des stratégies pour surmonter la procrastination, rester motivé et intégrer la flexibilité dans votre routine quotidienne.

Étape 1 : Identification Des Obstacles Et Des Défis

Prenez 10 à 15 minutes pour réfléchir aux obstacles et aux défis que vous rencontrez actuellement dans votre vie quotidienne en termes de gestion du temps et de productivité. Identifiez les domaines où vous avez du mal à rester sur la bonne voie et à maintenir une routine régulière.

1. Procrastination :

   - Quelles tâches avez-vous tendance à procrastiner le plus souvent ?

- Quels sont les déclencheurs de votre procrastination (ennui, peur de l'échec, perfectionnisme, etc.) ?

2. Motivation :

- Quels sont vos principaux objectifs ou aspirations à court et à long terme ?

- Comment maintenez-vous votre motivation pour atteindre ces objectifs au quotidien ?

3. Flexibilité :

- Comment réagissez-vous aux changements imprévus dans votre routine quotidienne ?

- Avez-vous du mal à ajuster votre emploi du temps lorsque des obstacles surgissent ?

Étape 2 : Développement De Stratégies De Surmontement

Sur la base des obstacles identifiés à l'étape 1, développez des stratégies pour surmonter ces défis et maintenir votre productivité. Utilisez les questions suivantes pour guider votre réflexion :

1. Pour surmonter la procrastination :

- Identifiez une ou deux techniques de gestion du temps ou de motivation qui pourraient vous aider à surmonter la procrastination (par exemple, la règle des deux minutes, la technique Pomodoro, la visualisation des objectifs).

2. Pour rester motivé :

- Élaborez un plan d'action concret pour maintenir votre motivation à long terme (par exemple, tenir un journal de gratitude, établir des objectifs SMART, créer un tableau de vision).

3. Pour intégrer la flexibilité :

- Identifiez des stratégies pour vous adapter plus facilement aux changements imprévus (par exemple, planifier des plages horaires flexibles dans votre emploi du temps, pratiquer la pleine conscience pour rester calme face aux imprévus).

Étape 3 : Mise En Pratique Et Suivi

Mettez en pratique les stratégies de surmontement que vous avez développées pendant une semaine. Notez vos observations et vos progrès chaque jour.

Jour	Stratégies Utilisées pour Surmonter la Procrastination	Niveaux de Motivation Maintenus	Stratégies pour Intégrer la Flexibilité	Commentaires et Ressentis
Lundi				
Mardi				
Mercredi				
Jeudi				
Vendredi				
Samedi				
Dimanche				

↓

Étape 4 : Réflexion Et Ajustements

À la fin de la semaine, réfléchissez aux résultats de votre mise en pratique et ajustez vos stratégies au besoin.

1. Quels ont été les résultats de l'application des stratégies de surmontement ?

2. Avez-vous remarqué des changements dans votre niveau de motivation et votre capacité à rester flexible ?

3. Quels ajustements pourriez-vous apporter à vos stratégies pour les rendre plus efficaces ?

En suivant cet exercice, vous pourrez développer des compétences pour surmonter les obstacles, rester motivé et adapter votre routine quotidienne aux changements imprévus. Continuez à affiner vos stratégies au fil du temps pour maintenir une productivité optimale et un bien-être général.

Une poésie pour résumer l'ebook

Dans le doux matin, une routine s'éveille,
À l'aube du jour, une promesse sans pareille.
Chaque geste, chaque pas, avec soin élaboré,
Pour une journée réussie, tout est préparé.

Dans la danse du temps, la productivité s'épanouit,
La concentration, telle une flamme, ne s'évanouit.
Des pauses bienvenues, des instants de détente,
Dans le tumulte du jour, une douce parenthèse.

Le soir venu, la routine se prépare,
Un rituel apaisant, une douce fanfare.
Pour préparer demain, en toute sérénité,
L'esprit s'apaise, prêt pour la nuit étoilée.

Face aux défis, aux vents changeants de la vie,
La flexibilité, telle une alliée, nous ravit.

Surmonter les obstacles, avec courage et foi,
Dans la quête de l'équilibre, nous marchons droit.

Maximiser notre journée, tel est le défi,
Avec une routine, un guide vers l'infini.
Dans chaque instant,
 dans chaque pas que nous faisons,
Nous construisons notre destin, avec passion.

Que cette poésie inspire chacun à embrasser une routine quotidienne, guidée par la productivité, la sérénité et l'adaptabilité, pour maximiser chaque précieux jour qui nous est offert.

Que votre journée soit une symphonie d'efficacité et de bien-être, où chaque note de votre routine résonne harmonieusement avec vos objectifs et aspirations. Rappelez-vous que chaque petit pas compte dans la construction d'une vie épanouie et équilibrée. En cultivant une routine quotidienne qui vous soutient et vous élève, vous ouvrez la porte à un avenir rempli de succès et de satisfaction. Alors, engagez-vous à maximiser chaque instant et à cultiver une routine qui vous guide vers votre plein potentiel. Car c'est dans la constance et la discipline que se trouve la clé de la transformation. Que cette aventure vers une vie plus riche et plus accomplie commence dès maintenant.

SABRINA DU PERRAY

Bonne route !

Sabrina Du Perray

BOOKS BY THIS AUTHOR

Guérir De La Dépression: Un Guide Complet Pour Retrouver La Joie De Vivre

Plongez dans ce guide approfondi qui vous offre des solutions pratiques et éprouvées pour surmonter la dépression et retrouver votre éclat intérieur. Avec une approche holistique de la santé mentale, ce livre explore les causes sous-jacentes de la dépression, les différents types de traitement, et offre des conseils précieux pour adopter un mode de vie sain et équilibré.

À travers huit chapitres inspirants, vous découvrirez des stratégies efficaces pour reconnaître les signes précurseurs de la dépression, comprendre ses mécanismes et développer des outils pour la surmonter. Des exercices pratiques vous guideront pas à pas, vous aidant à cultiver la pleine conscience, à gérer le stress et à renforcer vos relations sociales pour un soutien émotionnel solide.

Que vous soyez confronté à des pensées négatives, des comportements destructeurs ou des sentiments de solitude, ce livre vous offre un plan de récupération durable pour maintenir votre santé mentale à long terme. À travers chaque page, vous trouverez l'inspiration, l'espoir et la motivation nécessaires pour éclairer votre chemin vers la guérison et la transformation.

Mener Un Combat De Vie : Guide Pratique Pour Surmonter Les Épreuves Et Atteindre Le Succès

Dans ce guide inspirant et pratique, plongez au cœur du combat de vie avec détermination, résilience et succès. À travers ses pages, vous découvrirez des stratégies éprouvées pour naviguer avec confiance à travers les défis de la vie, transformer les obstacles en opportunités, et atteindre vos objectifs les plus chers. Des conseils simples mais puissants vous guideront dans l'acceptation des défis, le développement de la résilience mentale, la fixation d'objectifs clairs, et la célébration des succès. Que vous cherchiez à surmonter un échec, à renforcer votre confiance en vous-même, ou à trouver un équilibre dans votre vie, ce livre vous offre les outils et l'inspiration nécessaires pour mener votre propre combat de vie avec courage, détermination et succès. Prêt à vous lancer dans cette aventure ? Le premier pas commence ici.

www.ingramcontent.com/pod-product-compliance
Lightning Source LLC
Chambersburg PA
CBHW071201240526
45470CB00017B/930